만인시인선 · 46
슈뢰딩거의 고양이

김상윤 시집
슈뢰딩거의 고양이

만인사

자서

시는 내게 침묵할 때가 더 많다.
그럼에도 늘 곁에 있다.

그 때 시를 붙잡지 않았다면
지금 나는 어떤 방식으로 살고 있을까?

이 우주와 지구행성과 그 속의 사람들,
만남과 교감에 감사한다.

차 례

자서 ——————— 5

구름을 검색하다 ——————— 11
꽃천둥 ——————— 12
봄길 ——————— 13
달의 계수나무 언덕 ——————— 14
우주의 등대지기 ——————— 16
응시 ——————— 18
꽃잎 화석 ——————— 19
왕벚나무 대합실 ——————— 20
목련의 질주 ——————— 21
슈뢰딩거의 고양이처럼 ——————— 22
몽유 속의 달 ——————— 24
로비비아 ——————— 26
풍경 ——————— 28
스펙트럼 ——————— 29
봄소풍 ——————— 30

차 례

봄밤 ──────── 31

거문고자리 ──────── 32

숨결 ──────── 33

공중에는 가방들이 떠다니고 ──────── 34

이상한 나라의 엘리스 ──────── 36

진천 ──────── 38

과학시간의 동화 ──────── 39

수련 ──────── 40

얼굴 ──────── 41

미추왕릉 ──────── 42

천년의 항해 ──────── 43

반월성터 ──────── 44

반구대 암각화 ──────── 45

소리 ──────── 46

잔치 ──────── 47

음악 ──────── 48

달 ──────── 49

출구 ──────── 50

차 례

초록 수영장 ──── 51
제비꽃 무덤 ──── 52
자두꽃 아파트 ──── 53
레나 마리아 ──── 54
편지 ──── 55
타클라마칸 ──── 56
거대한 손 ──── 57
낙타 ──── 58
은빛 거미줄 ──── 60
손들 ──── 62
겨울 저수지 ──── 64
돼지독감 ──── 65
11월 ──── 66
소리 없는 소리 ──── 67

| 시인의 산문 |

우주적 몽상과 시 ──── 69

슈뢰딩거의 고양이

구름을 검색하다

어려서 앓은 소아마비로
엄지발가락만 까딱할 수 있는 그가
웹서핑한다

구름버섯 구름놀래기 구름송이풀 구름베어링 구름표범나비 청자상감구름 구름포해수욕장 백두산구름패랭이꽃

매일 구름을 검색한다

그저께 아내가
뽀오얀 구름아기 낳았다

꽃천둥

아파트 담벼락 아래 밤새 꽃비 맞은 은빛 프라이드, 울긋불긋 반점 돋아 두꺼비 같다 차 유리에 분홍 혈색 감돌고 쌕, 쌕, 숨소리 들리는듯 하다 복사꽃잎, 개나리꽃잎이 금속 피부 천둥소리로 두들겨 밤새 휘감는 동안 뜨거운 혈류가 쇠붙이 속으로 흘렀을 것이다 비 갠 하늘에 금빛 꽃잎 편 햇살, 사물에 생기 불어넣고 있는데 내 안에 얼어붙었던 것들 절로 녹아 아지랑이로 스며 들고 있다

봄길

출입금지 공원 터에 산수유가 꽃길을 열었다 뒤엎은 보도블럭, 공사 중인 잔디밭에도 봄은 그대로 진행 중이다 민들레 촘촘히 노란 웃음 개나리 꽃레이스 펄럭이는 벤치 아늑한 방 같다 길게 잠든 저 사내 혼자만의 황금빛 꿈꾸는걸까 사내의 꿈은 황사의 시간도 매연의 시간도 순간일 뿐 공원 울타리 너머 무료급식소 보이는 개나리 사이 그림자 꿈결인 듯 지나고 있을 것이다

달의 계수나무 언덕

1
 옥토끼가 계수나무 아래 방아를 찧고 있죠 죄 짓고 유배된 오공이 도끼질을 아무리 해도 계수나무는 매번 새살이 돋고요 그래서 달에는 두 그루 옥토끼의 계수나무와 오공의 계수나무가 있죠

2
 내 계수나무는 지상의 박물관 언덕에 있어요 우리가 처음 만난 곳이 그 나무 아래였죠 이파리에서 솜사탕 같은 향기 퍼지던 저녁 우린 고치에서 금방 날아오른 나비처럼 순수했어요 이제는 계수나무도 고목이 되고 그 언덕 기억의 퇴적층으로 두껍게 쌓여있죠

3
 달이 뜨면 그곳은 달의 계수나무 언덕이 되어 추억의 순간을 좇아 수십 그루의 계수나무가 나타나죠 계수나무 언덕을 산책하는 우리, 또는 홀로 걷는 나, 또는 엄마, 또는 은이와 민이, 수많은 장면들이 그 언덕

에서 살아 움직여요

4
박물관 뜰엔 목 없는 부처들, 옛 무덤에서 가져다 놓은 석상들, 용이 새겨진 비석, 탑들 각각 제자리 지키고 서 있다가 언덕에 달빛 가득 차면 계수나무 그림자 따라 둥기둥기 움직이기도 하지요

5
가끔 달의 옥토끼가 내려와 해금 연주하는 꿈도 꾸어요 우리 아버지가 좋아하는 노래 나 혼자만이, 메기의 추억, 나는 연주에 맞춰 노래 부르죠 달의 계수나무 언덕은 달에도 있고 박물관 뜰에도 있고 그래서 계수나무 언덕을 거니는 날은 달 속의 내가 되죠

우주의 등대지기

골드스톤 딥 스페이스*의 에드워드 스톤 박사는
30년째 우주의 그곳을 응시하고 있다
보이저를 띄워 보낼 때 자녀들은 어렸으나
보이저가 목성 지날 땐 대학생으로 자랐고
태양계 끝, 오르트 구름대 지날 땐 손자까지 보았다

가로축엔 보이저의 거리를, 세로축엔 자녀들의 성장을 놓고
  좌표 함수 만들며 산다는 건
  잡을 수 없는 시간 따라가는 일
  그는 칠순으로 우주 바라보지만
  보이저와 교신할 때는 젊은 좌표점에 머물러 있다

아직은 보이저에게 안녕? 인사를 보내면
그래 안녕? 응답이 도착하는 건 그 다음날이다

우주의 등대지기처럼 보이저처럼
다시는 돌아올 수 없는 먼 길

그는 홀로 묵묵히 나아가고 있다

---

* 캘리포니아 모하비 사막에 있는 전파계측소, 강력한 전파 안테나로 보이저 등 탐사선에서 보내오는 전파를 수신한다.

응시

　나는 너를 응시하네 지구의 한 모퉁이 어느 유리 안에서 너를 응시하네 슬픔과 기쁨의 미소 항상 너를 향해 보내고 있네 오늘부터 바캉스 세일 너를 위해 새 옷을 단장했네 어서 와 내게로 와 하며 너를 응시하네 손님들 다가 와 옷을 당겨보네 직원이 내 어깨와 두 다리 떼고 옷을 벗겨 그에게 팔았네 직원의 품에 안겨서도 널 응시했네 새 옷 입히고 두 팔 다리 붙이는 중에도 나는 널 응시했네
　가게 주인 업종 바꿨네 내 사지가 해체되어 재활용 비닐에 담겼네 머리가 없어졌네 그래도 난 널 응시하네 가슴으로 응시할 수 있네 온몸으로 볼 수 있네 눈 없어도 볼 수 있었네 온몸으로 응시가 아니면 나는 없었네

꽃잎 화석

처음 꽃씨를 뿌린 이 누구였을까 그때부터 피어난 꽃들 중생대 티라노사우루스 발밑에도 펼쳐져 있었으리 그 꽃밭에 엄마, 아빠, 아기 티라노 함께 소풍도 갔을 것이다 3억2천만년 지나 드러난 꽃잎 해맑은 얼굴에서 그때의 햇볕과 바람을 본다 은하계를 운행하고 지구를 내달리게 하는 길고 투명한 손가락이 꽃잎의 어깨 톡톡 두드리기도 했을 것이다 그대 눈빛과 만나기 위해 꽃잎이 건너온 길고 긴 시간 동안 섬세한 파동의 결 멈추지 않고 우주 감싸 안았음을 뛰는 내 가슴이 말해주고 있다

왕벚나무 대합실

　춘분점 지나 봄 햇살 왕벚나무 자오선 타고 퍼져나 갈 때 수많은 꽃송이들 눈부신 그 자리 순간과 순간 융합되어 시간 흐르지 않고 빛과 꽃잎과 바람입자만 낯설고도 익숙한 영원 따라 흐르고 있었다 무엇엔가 이끌려 그 둘레 맴돌던 나는 경이로운 대합실 얼핏 보았다 온통 빛안개 가득한 어떤 나라로 향하는 투명하고 환한 대합실은 꽃잎들 모두 떠나고 멈췄던 시간 다시 지축 따라 흐를 때 더 이상 보이지 않았다 붉은 몸의 나는 청맹과니 왕벚나무 대합실에 가 닿을 수 없었다

목련의 질주

 이 봄도 기다려주지 않고 순식간에 등불을 거두어 갔다 내 오랜 등은 지금도 문 앞에 불 밝히고 있지만 꽃들은 늘 돌아보지도 않고 떠나갔다 한 번 뿐이라는 듯 태양이 물고기자리를 지나 양자리로 가거나 내가 달을 지나 너에게로 가거나 비슷하면서도 다른 길 마음은 애매하면서 더딘데 해마다 찾아온 새로운 꽃은 내 바깥에서 말없이 내달리고 있었다

슈뢰딩거의 고양이처럼

  같은 계절 함께 왔으니 같은 바람일거라 생각했는데 인사하는 몸짓이 달라 이팝나무에 온 바람은 나뭇가지를 흔들며 나선형으로 맴돌고, 벚나무에 온 바람은 나뭇잎들 까딱이며 온 몸 파르르 떠네 눈금 없는 사랑은 어디까지 차올라야 멈추게 되는 걸까

  너에게 가도록 하는 것은 너도 아니고 나도 아니고, 너에 대한 상상이야 그러니까 너는 어디에나 있고 또 어디에도 없지 슈뢰딩거의 고양이처럼

  나의 모든 것은 하나의 줄기세포가 되지 온 몸을 흐르는 액체가, 신경섬유로 퍼져나가는 전류되어 습관과 운명과 슬픔까지 관통할 거야 삶과 죽음도 동시에 공존할 거야

  서로 다른 바람이 겹쳐질 수는 없듯, 개기일식의 해와 달이 사실은 겹쳐진 것이 아니듯, 서로 합일할 수 있는 세계는 어디에도 없기에 상상만이 모든 것일지

모르지 상상 속의 너와 내가 진정한 너와 나일까 우리는 그 어느 것도 확정지을 수 없는데, 마치 슈뢰딩거의 고양이처럼

몽유 속의 달

파스텔톤 은은히 빛나는 노란 달은
아무리 보아도 마음 시리지 않네

언젠가
노란 달이 붉은 달로 변하던 밤
오동나무 숲에 정적 감돌고
달빛 뜯던 나뭇잎도 손가락 감추었지

그 달 옆구리에 새싹 돋아
그 빛 점점 자라 만월이 되었을 때
아, 죄도 없이 죄를 씻고 다시 태어나는 달—
오동나무가 수런거렸지

달빛 퉁기며 나뭇잎들 신성한 화음을 연주했지
노란 달과 붉은 달, 검은 달과 만월
달과 내 마음 사이 여러 가닥 현이 걸려 있어
나는 펜으로 달빛을 연주한다네

노란 달은 몽유 속의 달, 달빛 부드러워
덜 아프다네

로비비아

여섯 살 때 처음 만난 선인장은 성깔 사나운 가시투성이 아주 무서운 놈이었죠 가시가 달려들어 나를 여러 군데 찔렀는데 노랗게 하늘이 아팠어요 우리 집에서 제일 무서운 것은 선인장, 그 다음이 변소귀신이었는데 변소 옆에 살던 흑돼지가 볼일 보러 가던 나를 귀신으로부터 지켜 주었죠

달이 엄청 밝았던 유월 어느날, 돼지가 팔려가고 집이 굉장히 쓸쓸하던 그 밤, 어디선가 엄마 분냄새 같은 향기가 온 집을 감쌌는데 나는 깜짝 놀라고 말았죠 아, 심술 많던 선인장이 꽃대 길게 뻗어 백합 같은 꽃을 두 송이나 피웠어요 어깨에 날개가 솟아오른 천사처럼 말이죠 그날 나는 향기에 취해 아팠던 가시도 잊고 변소귀신도 잊고 마당 구석에 앉아 그 꽃 오래 들여다 보았죠

이사를 몇 번하면서 선인장은 유년의 퇴적층 속에 묻혀 버렸는데 오늘 그 이름을 찾았어요 로비비아, 달

의 궁전에 살던 선녀가 벌 받아 가시선인장이 된 거라
고 내 안에 살고 있는 내가 지금도 생각하고 있지요

풍경

1
아침 일곱 시 반이면 짝과 함께
아스팔트 바닥 쪼으러 내려오는,
민첩하게 부스러기 부리로 꽂는,
옆에 차바퀴 굴러 와도 곧장 날아오르지 못하는,
발가락 없는 새를 본다

2
어스름 녘 쓰레기더미 뒤지다가
그녀가 운다 엄마 찾는 아이처럼 큰소리로 운다
부츠에 반바지, 창이 큰 모자를 쓴,
헌 옷도 재활용해서 센스 있게 입은,
밀차에 폐품을 가득 싣고 걸어가던
그녀

스펙트럼

 내면에서 분광된 스펙트럼을 얼굴은 그대로 영사하고 있다 이해하기 어려운 판토마임처럼 내부의 칩과 복잡하게 얽혀 있다 그가 지나온 전 생의 흔적이, 한때 그에게 내비친 초승달의 마음과 시린 골목길에 머문 가을 안개와 한 많은 삶을 마친 고모할매 옷자락과 그곳에 머물고 있는 바람 끝 한 떨기 꽃잎과 선인장이기도 하고 모래 바람이기도 한, 새벽닭 울기 전 세 번 배신한 베드로의 얼굴 같은, 그런 것이 어우러져 물 위 그림자처럼 일렁인다 곤히 잠든 당신 달빛 그늘 속 들개 한 마리 지나고 있다

봄소풍

열차 문 열리자 그들만의 오솔길에서 걸어 들어왔다
오월 신록의 풋풋한 그늘 메고 꼬마 손잡은 아빠
화사한 꽃밭 어깨에 걸고 더 어린 손잡은 엄마

따스하고 향긋한 바람이 일었다
빵빵거리는 차량 사이 손잡고 골목을 걸어 내려왔을 네 식구
봄길 만들며 봄바람 안고 왔다

눈동자에 별이 빛나는 꼬마들
그 옆 엄마아빠 밝은 얼굴 지하철역마다 이름 확인하다
두류역에서 내렸을 때
함께 들어왔던 봄 햇살도 따라 내렸지만
아주 조금 그 빛 남아 내 마음 따뜻하게 비춰 주었다

봄밤

　동백꽃 통째 툭, 툭, 떨어지던 통영에 그만 머리통을 떨구고 왔다 며칠째 머리통 없이 지내는 내게 이 봄밤은 통영 앞바다 몰고 와 파도에 일렁이는 모가지들이 보인다 붉은 피 흘리는, 형형한 두 눈이 나를 보고 있다

거문고자리

 사월 이십삼일 새벽 두시 거문고자리에서 유성우가 쏟아질 거라 했죠 비구름 때문에 볼 수 없었지만 그 때 나는 시공간 너머 별빛 촘촘한 그곳에 무성한 파편들이 쏟아지고 있음을 느낄 수 있었어요 그런 것처럼 일만 삼천년 전 지구의 자전축 따라 직녀성은 거문고자리에서 노랠 부르고 은하수 건너 견우성은 비파를 타고 있었다는 것도 알게 되었지요 사랑에 이끌려 지구로 떨어지던 별들의 파편 조각, 나는 그것을 불타는 눈물방울이라고 말하고 싶어요 잠시 스쳐갔지만 가슴에 선명한 화상으로 남은 한 줄기 광채, 다른 날도 아니고 바로 그날 바로 그 시각에 지구를 향해 날아와 섬광 속에 타오른 것은 무슨 인연일까요 지구가 자전하면서 공전하는 동안 우주공간 좌표가 조금만 바뀌어도 우리는 엇갈리고 말았을 테지요

숨결

 낮잠 자는 아이 옆에 나비도 꼬리 감고 엎드린 그 옆에 햇볕 한 조각 누워 있다 가만 보니 손바닥만한 햇볕이 커졌다 작아졌다, 창 밖 감나무 그늘이 햇살을 밀었다 댕겼다, 바람이 나무를 놓았다 잡았다 하는 모든 리듬들 지구의 한 귀퉁이 작은 방 가득 우주의 숨결로 채우고 있다

공중에는 가방들이 떠다니고

여기는 토성, 흙의 기운이 사방에 넘치는 곳이야
중력이 있기는 해도 발 디딜 땅이 없어 학교가 날아다니지

교실에선 자신의 심장박동과 지식의 맥박을 체크해
아이의 웃음으로 오로라를 발사하기도 하지

모두들 떠다니지만 한 번씩 발 딛고 인간처럼 걸어 줘야 해
걸어 다니는 건 질서를 좋아하는 습관이지

수업을 마치면 교실을 벗어나 간극을 바라봐
무한자유 꿈꾸는 이들은 자신이 만든 세계를 열어
상상의 물결 사이 헤엄을 치기도 해

공중에는 각자 삶의 가방들이 떠다녀
큰 가방을, 작은 가방을 들여다보며 은하의 꿈을 생각하지

욕망만큼 가방 부풀게 할 수도 있어
가방이 크다고 좋은 거겠니

왜 하필 여기서 살게 되었냐고?
내가 선택할 수 있었던 게 몇이나 될까

생각하지 말아 운명 같은 것
우리가 생각을 마치고 뭘 하기엔 늘 시간이 부족하잖아

여기는 토성이야, 너는 어느 행성에서 살고 있니?

이상한 나라의 엘리스

빅뱅이다, 고함 소리, 박수 소리
입자와 반입자들
쌍생성과 쌍소멸을 반복한다

꽃잎들 오전 10시 10분을 떠다니고
아이들 잠과 책 속을 들락거리고
시간들은 교실에서 뽀얀 안개 이루다가
제 각각의 망막 속으로 들어간다

10시 10분은 떠나지 않고 아이들과 있다
몇 십 년 전의 아이와 몇 백 년 후의 아이들이 시계 속에 겹쳐진다
선생님 입에서 연속으로 튀어나와
칠판 표면에 착륙하는 글자들이 아이들과 술래잡기를 시작한다

창밖 나무가 교실로 들어온다
초록 이파리들 아이들을 흔들고

졸다가 깨어난 아이들 우주의 나이를 계산한다
시간의 사다리 너무 길어 술래를 잡을 수 없어,

순간이 날아간 10시 10분을
아이들이 보고 있다
그것은 저녁 8시 20분이
몇 십 년 전과 몇 백 년 후 사다리에서 만난 거야,
책상 위는 온통 시간의 사다리로 가득 차고, 하는 수 없이

이상한 나라의 엘리스들이 꽃잎의 시간 날리며
팽창 우주를 닫고 있다

진천

피로한 어깨 부어오른 발들이 서둘러
몸을 싣는 저녁 지하철,
도시의 잿빛 중력이 온 몸에 무겁게 감겨온다

이럴 때 눈감고 입꼬리 올리며
한 번도 가 본 적 없지만
辰泉이라는 동네 이름 마음으로 부르면

향긋하고 싸한 벌판, 별 총총한 밤하늘
우주를 건너온 별들 찰방찰방
샘물에 몸 담그는 광경 펼쳐진다

그때 내가 몸 기대고 있는 지구는
지치지 않는 푸르고 싱싱한 날치 같은 별
초록빛 호흡 속에 내 손 잡아 이끌고

은하계 귀퉁이 조그만 꽃밭 옆을
웃으며 내달리게 한다

과학시간의 동화

바람은 마음 속에서 먼저 부는 걸까
수업시간, 책 속에 흩어져 있는 별들
바람 따라 깜박인다

아이들 심장을 돌아나온 바람에 교실이 휘어진다
네가 부는 풍선껌 마침내 터져버리고
껌에 생각 달라붙어 졸음 쏟아지고
교실은 팽창하는 우주가 된다

이상한 나라의 엘리스들이 망원경을 보고 있다
구멍 뚫린 천정에서 쏟아지는 별빛,
너의 몸은 이제 부풀기 시작한다

바람은 몸 속에서 먼저 만들어지는구나
거대한 기구가 된 너는 하늘로 날아가고
똑바로 앉았던 조커와 에이스가 꿈 깨듯 쓰러진다

수련

 어느 별자리에 깃들었다 나타난 걸까 꽃잎이 분홍 맥박 파르르 펼칠 때 온 정성으로 붓의 한 획 긋듯, 연못 모든 생물들 함께 숨 참았으리 녹색바람 수면 닦으며 꽃 그림자 새길 때 청암사 학승들 독경소리 전해주듯 연꽃잎 또한 세상에서 가장 그윽한 빛을 물이랑 따라 전해준다

 이승에 올 때 수련들은 풀이할 수 없는 만다라의 기호 하나씩 지고 왔다 물속 깊이 연 줄기 따라 터널 속 어둠 헤치고 물 위로 환한 세상 떠받쳤으니 수련 이전과 이후의 세계가 무한우주의 화엄이다 분홍 꽃잎 하나하나 받들고 있는 적멸보궁이다

얼굴

 붉은 노을 타들어가거나 동백 스스로 목을 꺾거나 복사꽃 바람에 허물어지는 얼굴 피카소 그림에도 있지 우는 여자 얼굴 부서져 내리지만, 여기 보이지 않는 스타킹 뒤집어 쓴 얼굴, 축 처졌던 두 볼은 위로 올라붙고 밖을 내다보던 두 창은 실 같이 가늘어져 무방비로 각막에 담겨오던 세상 잘 안보이고 감촉에 민감하던 입술 빳빳이 고무줄처럼 오그라들고 햇빛에 반짝이던 머리칼은 한 덩이 고체로 모든 빛을 거부하고 그래서 오히려 안과 밖이 사라진, 굳게 닫혀 있던 문 아예 없어져 열거나 닫지 않을 수 있는, 그런 얼굴이 있지 꽁꽁 동여맨 얼굴, 눈물도 흘리지 않고, 미워하지도 않는 무념무상의 방편이 때때로 필요하기도 한 것이지

미추왕릉

　꽃나무마다 좀 차분하라고 바람이 가서 달래고 있었지만 미추왕릉 담장을 둘러싼 벚나무들은 태평소를 한껏 불어제끼며 봄 만끽하고 있었다 벚꽃 그늘에 몰려와 소란 떨며 사진 찍고 웃고 떠드는 사람들 사이 바람은 잠든 왕의 노여움처럼 한꺼번에 몰아 불기도 했다 담장 안 햇빛은 조용히 왕의 봉분 쓰다듬는데 사람들 한 떼가 몰려가면 또 한 떼 몰려오고 나무 뒤에선 남몰래 연인들 입 맞추는 동안 벚꽃은 햇살처럼 퍼져 적석목곽분 속 어둠까지 훤히 밝혔을테니 미추왕은 고요히 누워 있기 참 불편했겠다 기척소리 내며 왕이 돌아눕는지 센 바람 갑자기 불어 실눈 뜨고 구경하던 버들가지 잠시 움찔하는 것이었다

천년의 항해

 지평선 위로 둥실둥실 해산을 앞둔 여인의 배처럼 고분 솟아 있다 해 기울어 마지막 햇살, 황금 깃발을 세우면 여기는 항구가 된다 사람들, 어머니의 배를 빌어 이곳에 당도했듯 대지의 배를 저어 영원 속으로 떠났다 천년의 항해, 지금쯤 은하계 끝을 지나고 있을까 무덤은 과거가 아직 현재인 미래로 향한 문, 그 앞에서 신라의 한 여인을 보았다 우리 할머니 칠성판에 몸 싣고 그곳으로 되돌아가셨다 이제 막 고분들 위로 북두칠성 떠올라 이곳과 그곳을 잇는 활주로 위에 별빛들 하얗게 쏟아져 내린다 이곳은 태양계 세 번째 행성인 경주

반월성터

은관모 닮은 구름들 빈 터 위로 떠가고
한 쌍의 돌계단 쓸쓸한 기호로 서 있다

어느 왕가의 성이었을까
바람꽃으로 설레던 날들이
나비가 꿈 피어올리듯
굴뚝마다 연기되어 올라 갔으리

지금은 그저 바람 속 먼지 날아와 앉고
달빛 아래 이슬만 꿈꾸다 갈 뿐이지만
이 계단에서 나는 그대를 기다렸던가
천 년 전부터 그대는 여기서 나를 기다려 왔던가
가슴 속 비파 줄이 울리는 것은,

고요한 빈 터엔 그때의 숨결 일렁이고
목덜미에 훈훈하게 그대 향기 다가온다
돌계단에 여전히 푸르른 그대 앉아 있듯이

반구대 암각화

　태화강 대곡천에는 시간 멈춘 선사시대가 있다 젊은 고래와 새끼 업은 고래, 작살 맞은 고래와 거북이 세 마리, 인간이 탄 배와 함께 판토마임 이루다가 어디선가 북소리 들려오면 고래들 청동빛 하늘로 분수 내뿜고 숲의 호랑이들 함께 포효한다 오래 내달린 해와 위치를 바꾼 북두가 드디어 중심축 잡아 동심원을 새기면 고래와 거북과 돌촉화살 맨 사람들 사이 쏟아지는 별빛들 점점 더 큰 원으로 확장되고 물고기와 짐승, 사람이 함께 어우러져 계곡과 바다에 음표 넘쳐흐른다 모래톱에 불기둥이 서고 하늘 땅 바다를 잇는 축제의 제단, 마침내 한 마리 고래가 제물이 되면 암각화는 그때의 순간 모두 품어 푸르고 뜨거운 현재가 된다

소리

앞서 가는 구두에서
젖은 물소리 같은 게 났다
내 신발도 굽을 갈기 전에
비슷한 소리가 난 적 있지

단순한 발자국소리 아닌 그 구두만의 소리가 있다
그는 도시의 젖은 골목길 자주 오갔던 것일까

모든 것엔 흔적이 남지,
벽에 귀가 있다는 건 소리를 듣는다는 말
벽뿐 아니라 사방 모든 것이 소릴 듣고 있다
소리는 어디든 남아, 차곡차곡 쌓여
어느 날 솟구쳐 나오고야말지

내 앞에 가는 구두는 그렇게,
담아 놓았던 소릴 쏟아냈던 것이다
가슴 속에 맺혀 있던 생각도 언젠가
소리로 튀어나와 당신 아프게 할 수 있다

잔치

  길 건너 베르슈 빵집에 풍짝풍짝 바람인형 춤추고 풍선 아치 아래 사람들 북적인다 영이네 텃밭 호박꽃에도 벌들이 윙윙대며 꿀맛을 보는 중, 우리집 넝쿨장미도 한 달 전 잔치 열어 꿀벌 꽃등에 말벌 온갖 손님 치렀다 요즘은 꽃잎 현수막 내리고 장미열매 조용히 빚고 있다 일 년에 한 번씩 인정이 고맙다고 선물 주며 잔치 여는 것, 은근히 부러운 일이라 나한테도 그런 잔치거리 없나 생각해 보는, 위장이 비었다고 신호를 보내오는 초여름 한낮

음악

너를 안고 활을 밀면
세포마다 사방연속꽃무늬로 퍼져나가지

서로의 파동이 화답하는 순간
따스한 햇볕처럼 영혼에 스미고

그 시간 짧으나 존재를 관통하기에
영원과 순간이 맞닿아 하나가 되지

뜨거운 숨, 뼛속까지 공명하고
능선과 골짜기 따라 피리소리 날아오를 때
슬픔과 기쁨, 죽음과 생명이 한 줄 현 위에
있으면서 동시에 없고

떨림이 멈추어 찾아온 고요
이미 음은 세포 속에 스며 있어
우리 삶의 바닥 지탱해주는 노래가 되지

달

엄마가 달을
씻기고 있다

눈곱 떼고 콧물 씻고

코! 흥~ 하면
아가도 흥~!

매일 맑게 씻겨서
뽀송뽀송 구름 수건 닦아주어서

달은
얼굴이 환하고

출구

 살과 살 접히는 데 헐어 진물이 흘러 나왔다 몸이 매끄런 피부로 잘 감싸여 있을 땐 이미 정해진 통로만이 안과 밖 잇는 길이었는데 예기치 못하게 살이 패인 곳 새로 생긴 구멍처럼 몸의 일부를 흘려보내고 있었다 체했을 때 손끝을 찔러 붉은 피 내듯 안에서 밖으로 꼭 내보내야 하는 이유가 있는 것처럼

 ……무엇인가
 나를 흘려보내야 하는 것은

초록 수영장

  유쾌하게 바람이 왔다 바람이 올 땐 파도 CD 들고 온다 나무 수영장에 음악 울려 퍼지면 박자에 맞춰 준비 체조, 바람이 호루라기를 불고 초록 물고기들 나뭇가지 붙잡고 물장구 친다 철퍽철퍽 솟구치는 공기방울들 부레가 탱탱 몸이 하늘 위로 솟아오른다 혈관 속으로 밀려오는 초록, 초록 피톨들, 심장이 콩닥콩닥 뛰고 파아란 하늘엔 은빛 물결, 아가미가 싸아하다 뱃살이 퉁퉁한 까치도 물 속에 뛰어 드는 중

제비꽃 무덤

한 세상 끝내고
몸을 눕히네
북두칠성 아로새긴 고인돌 아래

이제 나 몸 떠난지 오래
시간의 터널 지나 와 여기는 또 다른 세상
보랏빛 꽃들 돌무덤 안에 피었네

꽃에 내려앉은 나비 날개 청색 띠 속에
들길마다 피어 있는 어린 제비꽃 보이네

저 새털구름 속에 내가
또 다른 나를 보고 있네

자두꽃 아파트

2층 창가에 자두나무 여섯 그루 다섯 장 연분홍 창문 포갠 둥근 방 가지마다 촘촘히 꾸며져 있다 이런 방에는 누가 사나? 아래에서 올려다 보면 봄 하늘에 뜬 분홍 별무리

꽃향기 뉴스에 자두꽃 아파트 입주를 시작했다 분주한 개미와 벌 다들 자두國 입주권을 가슴에 달고 있다

레나 마리아

두 팔이 없고 오른쪽 다리 짧은 레나 마리아

작은 키 마른 어깨엔
입으로 물어서 두른 옷 걸치고
의족으로 서서 찬송 부르네

나는 두 팔 두 다리 멀쩡해도 불만이 많네
없는 것 헤아리기 바쁘다가
예배시간에 작은 소리로 따라 부르네

머나먼 스웨덴에서 온
눈 반짝이는 레나 마리아

맑은 영혼의 소리 울려 퍼질 때
내 눈에 눈물 솟아오르네

편지

바람 우체부가 배달을 갔다
편지들은 투명한 대기 속을 날기도 하고
땅바닥 딛고 점프하며 주인을 찾아갔다

구백구십구 통째 편지가 간 날
하늘에서 하얀 소식이 왔고
나무는 공부를 시작했다

백구십구 권 끝냈을 때
몸에서 수천의 새들이 혀를 내밀고
노래를 불렀다 몸이 일렁일 땐 파도소리
바다가 왔다

다시 계절이 돌아오고 매일 밤 편지를 썼다
아침마다 바람 우체부가 배달을 갔다

타클라마칸

경계는 어디일까 내가 사막이라면
타오르는 지평선, 길도 없이 바람 불고
날아오른 몸 편서풍 타고 흩어지는데

내가 사막이면 나는 바람 안에 있고
방황은 갈증으로 떠도는데

별빛들 내려와 어디로 흘러 가는가
소용돌이치는 고통 가라앉힐 수 있는
영롱한 별빛, 내 몸 어딘가 지하수되어 흐를 수 있다면
물고기 지느러미 그 부드러움 불러
은하의 꿈을 꾸리라

숨막히는 모래 언덕 저 너머
황사 바람되어 명왕성까지 날아 간다해도
내 경계 넘어설 수 있는 것이라면,

거대한 손

빅뱅으로 우주가 생겨나고,

흙이 나무가 되고,

허공에서 빨간 하트 끌어와 내 손 안에 넣어주고 들고 있던 볼펜 다른 차원으로 이동시켜 장미를 뽑아내고,

그의 손은 너무 빨라 내 시선이 좇아 갈 수 없다 돼지 독감, 지진에 쓰나미까지,

무정하고 거대한 손이

대륙을 지나며 행성계를 넘나든다

낙타

타박타박 걷는 발자국이 바람에 묻혀버릴지라도
타박타박 걸어가는 모래 위엔 황금빛 해가 비친다

길다란 속눈썹에 햇살 노을빛 실 찾을 때
저 멀리 야자수 언덕이 동공에 들어오면
온몸에 힘주어 그동안 고된 여정 단숨에 떨쳐버린다

고통과 아픔 빨리 망각되도록 보람과 즐거움이여
고단한 무릎 서둘러 감싸주어라

무릎 접고 바닥에 앉아 눈 껌벅이며 되새김질하는 네 모습 어딘가
돋보기 펼쳐 사진첩 들여다보는 카멜색 조끼 입은 아버지가 보인다

먼 길 왔지만 돌아보면 짧은 나날들
노정에서 겪은 눈물겨운 체험, 무릎에도 또렷이 새겨져 있다

지난 여름 반바지 입은 아버지 다리는
낙타 무릎을 닮아 있었다
들마루에 앉아 먼산바라기하는 얼굴에
노을이 어리고 있었다

은빛 거미줄

　거미줄은 은빛이어서 별빛을 오래 걸어 둘 수 있다 아침이면 햇빛이 기웃거리기도 하지만 별빛 화살촉이 장전돼 있어 그냥 스쳐갈 뿐이다 지나가던 모기나 나방이 거기 걸려든 것은 우주를 날아온 화살촉이 심장을 관통했기 때문이다

　거미줄에 나무 그림자 비켜가는 오후 중력을 견디며 하늘에 몸 담근 거미는 느긋해지기 위해 그곳을 지나는 바람의 음계 모두 헤아린다 거꾸로 매달려 있으므로 성급해서는 아무것도 할 수 없다는 듯 조용하다가 마치 벨소리에 얼른 뛰어 나가는 연인처럼 바람 파동 사이 실려 오는 날 것들의 세미한 심장 박동에 재빠르게 반응한다 거미줄은 밤마다 별빛을 새로이 장전하고 이른 아침 진주이슬을 은빛 화살촉에 꿰기도 한다

　허공에 걸어 놓은 거미줄이나 거미줄이 튕기는 바람의 음표나 그것을 지키는 초록거미나 그 모든 것에 접점이 있고 보이지 않는 긴 끈이 우주 사이 서로 얽혀

지구를 돌면서 내 심장까지 연결돼 있음을 안 것은 얼마 전의 일이다

손들

저 혼자 일어서려는 손을 보았네
다리 위에 가지런히 올려놓아도 꿈틀거리며
자꾸 벗어나려는 동작을 하네

선명하고 푸른 정맥
까칠하게 갈라진 살갗
고뇌의 흔적이 피부를 덮고 있네

지하철에 사람들 가만히 등 기대고 앉아 있지만
손들은 폰을 들고 있거나 가방을 쥐고 있거나
팔짱 끼고 있거나 모두 어떤 공간에서 안절부절 못
하네

무의식으로부터 명령을 받은 것일까 아니면
살면서 따로 손만의 두뇌를 갖게 된 것일까

가만히 있지 못하는 손
자기 것이면서 자기 것이 아닌 손

어디론가 분주히 끌려가며
계속 움직이는 손 있네

겨울 저수지

 썩지 않는 쓰레기 밀려와 얼음으로 말문을 닫았다 하늘에 아기 구름들 지나가도 등 돌려 앉았다 동네 꼬마 몇 얼음 지치고 돌 집어던지고 깔깔거려도 저수지는 말이 없다 밤이 되자 못은 누군가 파 놓은 낚시 구멍으로 스스로 닫아둔 소릴 밖으로 내보낸다 얼음장 밑 개구리밥 눈 뜨는 소리, 바닥에 잠든 비단 가물치 숨 쉬는 소리, 봄인가 싶어 조용히 촉수 내밀어 보는 논 고둥 물결소리, 바닥의 물이 천천히 오르내리며 흐르는 소리, 저수지는 제 속에 있는 그 소리 혼자 귀 기울이다 평온해진다 핏줄 속에 말들이 힘차게 달리고, 말하지 않아도 말이 저 혼자 쏘옥 자라 꽃 피우는 일 조용히 떠올리면서 아하— 감탄사 터트리며 내리는 봄비에 힘입어 둘레에 낀 오물 밀어 보낼 때를 묵묵히 기다리는 중이다

돼지독감

구덩이에 파묻히는 어미 돼지와
포크레인 삽 속의 아기돼지 울음소리

번역될 수 없는 돼지의 울음이
반도의 땅에서 하늘로 오르다가
구름까지 오르지도 못하고 진눈깨비로 떨어졌다

그곳 나무와 흙과 돌들도 오래 울먹여
삼킬 수 없는 단음절 비통함을 진눈깨비가 덮었다

봄은 놀란 가슴 쓸며 한반도 남쪽에서 주춤거리고
강물과 시냇물 여전히 포크레인 삽질에 떠는
그 옆 불현듯 피어난 민들레 한 송이
힘겹게 흔들리고 있었다

11월

  바람의 섬세한 손가락이 현을 뜯고 있다 저쪽 미루나무에서부터 이쪽 소나무 숲까지 솔잎의 음 당겨진다 이마와 턱이 까만 곤줄박이가 여린 진동으로 화답한다 중모리에서 휘모리까지 잎들의 낙하와 더불어 연주가 절정에 도달하는 숲, 바닥에 뒹구는 낙엽들도 함께 음을 닦는다 내 마음에 공명통이 생겨나 음악을 향한다 가슴은 무엇이든 비워내 가벼워져야 한다 바람의 연주가 내 마음 닦고 있다

소리 없는 소리

 구름 흐르는 소리 꽃이 지는 소리 노을이 물드는 소리 보름달 야위다가 그믐밤 눈물처럼 별빛 쏟아지는 소리 이별하고 돌아가는 어깨 너머 등불 꺼지는 소리 세상을 떠나기 쉽도록 젊음이 가는 소리 그러나 사랑은 그치지 않으므로 온 세상에 번지는 사랑의 소리 햇살처럼 가슴에 퍼지는 소리 그대 눈빛 심장은 뛰고 있다 우리가 잡은 손은 둥그런 원을 그리고 바닥은 천정과 이어져 있다

| 시인의 산문 |

우주적 몽상과 시

1. 달의 기억

박물관 언덕에 달이 뜨면 시공간이 열린다. 그곳엔 선사시대의 무덤과 머리 없는 불상과 석탑, 비석, 나무들이 달빛 아래 슬쩍슬쩍 움직인다. 왜냐하면 달이 지금 나의 달이듯 옛날에는 그들의 달이었기 때문이다. 달은 일만 년 전에도 저 모습이었고 일만 년 후에도 저 모습일 것이니 달 속의 계수나무와 옥토끼는 인간 삶에 비해 영원하다. 그래서 달이 뜨면 수많은 장면들이 살아나고 겹쳐지고 동시에 존재한다.

언젠가 달빛 꿈을 꾼 적이 있다. 직장에서 여러 동료들과 앉아 있는데 그곳은 앞사람 얼굴도 보이지 않는 암흑이었다. 그 때 창밖에 노란 달이 커튼 사이로 내 얼굴에만 달빛을 비추었다. 그 빛을 벗어나려고 몸을 움직여도 달빛이 나를 따라와 피할 수 없었다. 그 후 나는 다른 곳으로 전근을 갔다. 달빛 꿈은 흔한 꿈이 아니다. 꿈속에서 보았던 노란 달빛의 광선처럼 선명한 달빛을 실제로 본 적이 있었던가. 도시는 달빛이 숨어 버린다. 시골에서 살았던 어린 시절의 기억을 더듬다가 한 도막을 생각해 내었다.

달이 뿜어내는 빛줄기들은 수백수천의 현이 되어 내 가슴에 걸린다. 오동나무잎이 달빛을 연주하는 것처럼 나는 가슴에 연결된 현을 연주한다. 깨달음의 오동나무는 봉황의 깃들임만 즐거워하는 것이 아니라 스스로 달빛을 연주하며 신명을 찾는 것이다.

2. 행성

지구라는 행성은 태양으로부터 세 번째에, 태양은 우리 은하의 변방에, 우리 은하는 수천 억 은하들 중 어느 한 개로 이 광대한 우주에 존재하므로 이들을 생각하는 내 머릿속 뉴런의 전달속도는 광속보다 빠를 것이다. 아니다. 이 말은 틀린 말이다. 생각의 속도는 이렇게 측정하는 것이 아닐 테니까. 그러나 분명 나는, 우주의 알 수 없는 끝을 향하고 있는 보이저호와 화성과 목성 사이 어린왕자가 웃고 있을 소행성 B612, 그리고 행성의 지위를 잃고 왜소행성이 되어 버린 명왕성까지를 오가며 몽상에 잠긴다. 때로는 직녀성이나 견우성까지, 또는 북두칠성을 회전시키는 약 800광년 거리의 북극성까지, 또는 이웃 안드로메다 은하(약 230만 광년 거리)까지 다녀온다.

가끔 지구인들이 떠서 다니는 것으로 보여 지구가 토성처럼 생각될 때도 있다. 어린왕자는 소행성 B612를 떠나 별들을 여행하던 중 지구로 왔다. 그가 처음 발 디딘 곳은 사막이었고 뱀, 장미, 여우, 철도 전철수, 장사꾼, 비행사를 차례로 만났다. 왕자가 도착했던 곳은 정말 사막이었을까? 나는 그곳이 사막이면서 동시에 사막이 아니었을 것이라고 생각한다. 그가 만났던 뱀, 장미, 여우도 그렇다. 비행사인 화자만이 중의를 함축하고 있지 않을 것이라고 본다.

지구엔 수많은 사물들이 있다. 그것이 지구의 장점이다. 게다가 이제 사물들은 사물이면서 동시에 다른 것이기도 하니까 의미가 무의미에 다가가고 있을 정도다.

3. 양자론과 시

언젠가 양자론이 '시'로 내게 다가왔다. 양자론에 의하면 반생반사의 고양이, 슈뢰딩거의 고양이는 관측하기 전까지는 죽은 상태와 살아 있는 상태가 공존하는 셈이며, 관측이란 미시(微示) 입자가 '거시적인 흔적'을 만들어내는 것이다. 미시세계에선 많은 상태가 공존하고 있으며 그 후 실제로 인간이 어떤 상태를 관측할지 정해져 있지 않다. 최근에 알려진 바로는 진공은 텅 빈 공간이 아니며 진공이 가진 에너지의 요동에 의해 소립자가 여기 저기 생겼다 사라진다. 에너지가 물질을 만드는 재료이고 공간이 늘어나면 에너지도 늘어난다. 초기 우주는 물질과 시공간이 없는 상태이므로 텅 빈 진공이 아니라 무와 유 사이에서 요동치고 있었다. 이것은 바슐라르의 이 말과도 통한다. 원초적인 우주적 몽상에서 세계는 인간의 몸이고 인간의 시선이며, 인간의 숨결이고, 인간의 목소리이다. 우주적 이미지를 보면 인간의 말은 인간의 에너지를 사물의 존재 속에 주입하는 것 같다.

  결국 현대 과학이 시로 통합되는 것인가? 아니면 내 눈에 과학마저 시로 보이는 것인가? 그것도 아니면 현대과학이 시적인 것인가?

4. 우주적 몽상

  바슐라르는 일종의 고요함이나 안정성이 우주적 몽상에 속한다고 했다. 누군가가 니르바나의 경지라고 한 것도 같다. 불교에서 명상을 할 때 몸과 마음이 완전히 정지한 상태를 유지해야만 사물에 대한 직관과 통찰이 생긴다고 한다. 자기를 버리고 비운 상태, 무아, 망아라는 자기 초월의 경지에 들어가면 비로소 하늘의 소리를 들을 수 있다고 한다. 아마도 이 경지가 바슐라르가 말한 우주적 몽상의 절대적 경지가 아닐까? 장자도 이러한 경지에서 하늘의 퉁소소리를 들을 수 있다고 했다.

그러나 나처럼 평범한 사람이 스스로를 잃어버리는 경지에 도달할 수 있을 것인가? 달마대사는 면벽 수행 도중 자꾸 내려덮이는 눈꺼풀을 잘라내었다고 한다. 험난한 수련과정과 피나는 노력을 거치는 선승들도 어려운 일이다. 그런데 어쩌면 지속적이지는 못하더라도 한 순간이나마 나를 생각지 않고 비우는 것은 평범한 사람도 가능할지 모르겠다. 얼굴의 모든 요소가 무너져 내리지 않고도 안팎의 경계가 사라져 잠시나마 평상심을 유지할 수 있는 방법, 사람마다 다를 것이다.

5. 장자와 몽상

『논어』를 읽으면 마음이 갑갑할 때가 있지만 『장자』를 읽으면 속이 시원하다. 장자는 논리와 틀에서 벗어나 해체되는 느낌 때문이다. 중국에서 장자는 한 때 청소년들이 읽지 못하도록 금지된 적이 있다고 한다. 현실에 적응하고 살아가려면 청년들은 장자보다는 논어를 읽어야했을 것이다.

　장자는 예술가의 길을 가려는 사람, 인생을 예술로 받아들여 살아가고픈 사람에게 더 어울릴 것 같다. 장자에 나오는 비유와 알레고리와 풍자는 재미있다. 고차원의 시 같고 어딘가 몽상적인 느낌이 좋다. 장자 중 제1편 소요유(逍遙游)는 절대 자유와 그것을 가능하게 해주는 '변화'와 '초월'을 얘기한다. 물고기가 변하여 거대한 새가 되고, 거침없이 날아가는 붕새의 이야기는 가슴이 트이게 해준다. 날기 위해서는 바람을 타고 생기를 얻어야하고 그러면 활기찬 삶을 살 수 있을 것이다. 바로 내가 바라는 삶이다.

　지금 내 삶은 신명도 없고 활기차지도 못하기 때문이다. 물속에서 그냥 꿈만 꾸는 물고기, 그것도 지느러미가 아파서 느리게 헤엄쳐야 만하는 물고기가 내 속에 산다. 그런데 그 물고기는 사막 깊은 곳을 흐르는 지하수 속에서 산다. 불타는 태양 때문에 사막 아래로 숨어버린 강물은 별빛이 고여 흘러야만 은하를 꿈꿀 수 있다. 나는 경계를 넘어서고 싶은 사막일 뿐이다.

6. 소우주의 생태계

집 옆엔 작은 공터가 있다. 우리 동네에 유일한 빈터인 그곳은 주차장으로 요긴하게 쓰인다. 그 둘레엔 옥수수, 분꽃, 호박, 담쟁이가 자라고 초록거리며 벌레들도 산다. 내 차는 일주일에 한번 정도 움직이는데 어떨 때는 한 달에 한두 번만 구르기도 한다. 그러니 가끔 동물들이 내 차를 자신들의 놀이터나 집으로 생각하는 모양이다. 고양이가 차 위에 사랑스런 발자국을 남기기도 하고 거미가 줄을 치기도 하고 비둘기가 똥을 싸놓기도 한다. 그 옆 감나무와 장미넝쿨까지 하나의 세계가 연결되어 지구를 돌아 내 심장까지 닿아 있는 것을 알게 된 것이 언제인가 기억은 나지 않는다. 차를 움직일 때 바쁜 이유도 있지만 굳이 뒤쪽의 거미줄을 제거할 필요를 못 느껴 그냥 두었더니 도로에서 다른 차들이 내 차 뒤를 따라오기 싫어하는 것 같았다. 그러고 보면 집안 구석구석 벌레들이 많다. 오래된 집이어서 그렇겠지만 쥐며느리, 지렁이, 곱등이, 발 많은 벌레, 나방 등등 어디서 자꾸만 생겨나는지 그 속에서 함께 살고 있는 나는 우주의 생태계를 게으르게 그냥 보고만 있다.

7. 시의 뿌리

내가 처음으로 시를 쓴 것은 초등학교 2학년 때다. 엄마와 「해바라기」라는 동시를 함께 썼는데 그 시가 조선일보 '동시란'에 실렸다. 아마 그것이 가슴 속에 시의 씨앗을 품게 된 처음이 아니었을까? 영월읍 덕포 3리 백설세탁소는 벌써 없어진지 오래지만 내 유년의 기억 속에서 가시선인장과 흑돼지와 꽃밭을 품고 지금도 거기에 서 있다.

자주 김소월 시에 감정을 실어서 들려주던 엄마는 세탁소에서 다림질을 하거나, 부엌에서 설거지를 하면서 곧잘 노래도 불렀다. 나는 동요를 즐겨 불렀고 사춘기에는 아버지가 틀어놓은 세계가곡전집을 거의 외울 정도였다.

중1 때 국어책에서 감동받았던 시어들과 그 리듬감의 아름다운 느낌은 아직도 남아 있다. 그 때는 나만의 공책을 만들어 자작시를 쓰고 그림도 그려넣곤 했다. 그러나 고교 때는 시와 불화했다. 시는 내 맘을 알아주지 않았고 나는 시를 포기하고 이과를 선택했다.

대학에 가서 다시 시를 만났으나 심리적 거리가 너무 멀어 포기했고, 직장생활을 시작하고 다시 만났으나 여전히 어려워 포기했다. 그러다가 학위 논문을 쓰면서 몸에 병이 깊어졌을 때 다시 시를 만나 그제야 시를 붙잡게 되었다. 연구는 아프면 할 수가 없지만 시는 병이 있는 사람도 쓸 수 있을 터였다. 병의 고통과 마음의 통증은 척박하게나마 시를 쓸 수 있게 해주었다.

김상윤

1964년 강원도 영월 출생,
경북대학교 지구과학교육과 졸업,
동 대학원 천문대기과학과 수료, 2002년 『문학세계』로 등단,
시집 『그대 손은 따스하다』 출간

슈뢰딩거의 고양이

초판 1쇄 펴낸 날 / 2012년 8월 20일

지은이 / 김 상 윤
펴낸이 / 박 진 환

펴낸 곳 / 만인사
등록번호 / 1996년 4월 20일 제03-01-306호
주소 / (우)700-813 대구광역시 중구 대봉2동 743-7
전화 / (053)422-0550
팩스 / (053)426-9543
홈페이지 / www.maninsa.co.kr

ISBN 978-89-6349-038-0 03810

이 책의 내용의 전부나 일부를 재사용하려면
반드시 저작권자나 만인사 양측의 동의를 받아야 합니다.

값 8,000원